ISBN 978-3-00-024927-3

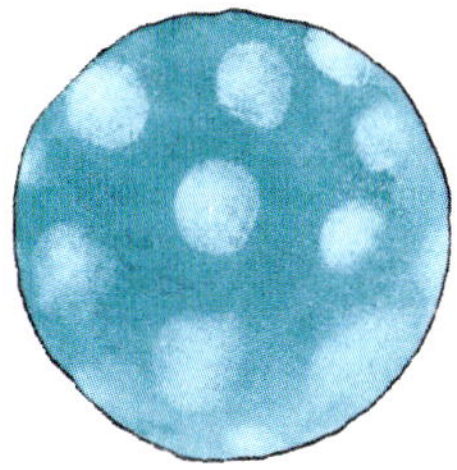

Dirk Zehender

So lebe ich... und wie lebst du?

Mit Bildern von Soe Sadr

Für unsere Tochter

Mein Name ist Bjössi...

PAPI
PAPA

... ich wohne mit meinen beiden Vätern und unserem Hund Katla in Reykjavik, der Hauptstadt von Island.

Island ist eine große Insel mit vielen Vulkanen, Gletschern und Wasserfällen. Geysire und heiße Quellen gibt es hier auch.

Wenn man in Reykjavik vom hohen Kirchturm herunterschaut, kann man auf die bunten Häuserdächer der Stadt gucken. Wir wohnen in einem Haus mit einem blauen Dach und einem roten Schornstein.

Mein Papa Jón arbeitet im Krankenhaus, Papa Hinni in einem der Pferdedörfer als Bereiter. Wir drei haben jeder ein Islandpferd und reiten fast jeden Tag zusammen.

Nach der Schule fahre ich immer mit dem Bus zu Papa Hinni und helfe ihm bei den Pferden. Vorher hole ich aber noch Katla ab, damit sie nicht die ganze Zeit allein zuhause ist. Allerdings hat Katla im Moment nicht so große Lust mitzukommen, weil sie beim Jagen der Fohlen mal wieder einen Tritt bekommen hat. Aber sie hat selber Schuld, weil sie die

Pferde immer ärgert und zusammentreiben will. Na ja, meist vergisst sie ihre Angst schnell wieder und ist dann gleich genauso frech wie vorher.

Einmal hat Katla sogar versucht, auf dem Parkplatz vor dem Supermarkt Autos zusammenzutreiben, aber die haben natürlich gar nicht gemacht, was sie wollte. Seitdem hat sie vorne zwei Zähne weniger, Autos sind eben doch stärker, das weiß Katla jetzt wohl auch.

Die Pferdeställe sehen hier aus wie kleine Häuser, sie haben Fenster und spitze Dächer. Da viele Ställe zusammenstehen, sieht es aus wie ein kleines Dorf. Wir haben einen Stall für 15 Pferde im Pferdedorf gemietet, so dass immer viel zu tun ist. Am Wochenende fahren wir häufig zu Turnieren, im Winter gibt es sogar Turniere auf zugefrorenen Seen direkt auf dem Eis. Dann haben die Pferde Stollen unter den Hufen, damit sie nicht ausrutschen.

Nächstes Jahr will ich mit meiner Stute Blika auch an einem Turnier teilnehmen, aber bis dahin muss ich noch viel üben...

Oh, Gunnar klingelt, ich muss los zum Fußballtraining. Vielleicht kommst du einmal vorbei, dann nehmen wir dich mit zu den Pferden. Oder bist du gut im Fußballspielen?

Australien liegt ganz
am Ende der Welt...

Ende der Welt

... sagt mein Papa. Wenn du auf eine Weltkarte guckst, findest du es ganz rechts unten. Papa nennt mich immer Sonnenschein, obwohl ich eigentlich Tim heiße.

Ich wohne bei meiner Mutter an der Westküste. Ihre Freundin lebt seit 4 Monaten auch bei uns, die ist bisher total nett. Bei den Hausaufgaben hilft sie mir schon mehr als Mama, außerdem läßt sie auch gerne Drachen steigen, wozu Mama immer keine Lust hat. Papa wohnt in der Großstadt Perth, das ist ungefähr eine Stunde mit dem Auto entfernt.

Perth finde ich toll, immer wenn ich bei ihm bin, machen wir Ausflüge oder gehen ins Kino.

Manchmal nehme ich auch meinen besten Freund Julian aus meiner Klasse mit. Julians Eltern wohnen nicht mehr zusammen und sein Vater kümmert sich gar nicht um ihn, daher darf er ruhig ab und zu mal etwas von meinem abhaben. Letztes Wochenende waren wir auf einer Insel, auf der keine Autos fahren dürfen. Wir sind mit dem Schiff hingefahren und haben uns Fahrräder gemietet.

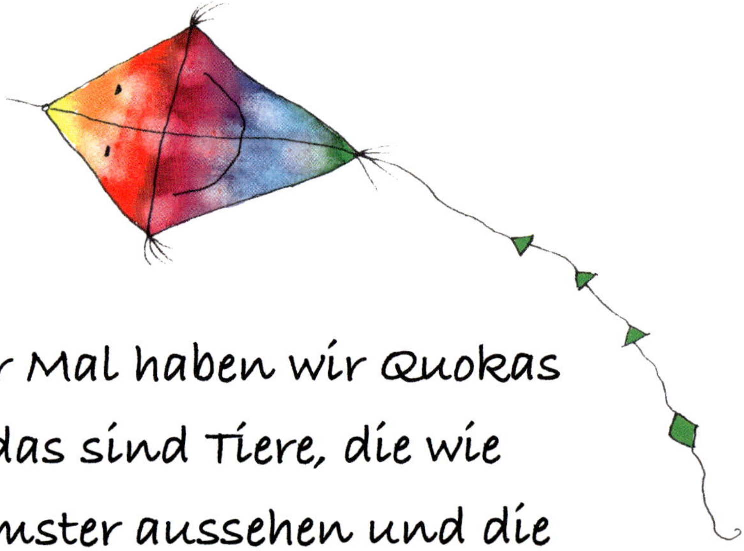

Ein paar Mal haben wir Quokas gesehen, das sind Tiere, die wie große Hamster aussehen und die es nur auf dieser Insel gibt. In Australien gibt es Tiere, die du bei dir vielleicht noch nie gesehen hast, oder kennst du schon Kängurus, Koalabären oder Wombats?

Nächstes Wochenende will Papa mit mir in die Hauptstadt Sydney fliegen. Wir wollen eine Hafenrundfahrt machen und ins Aquarium gehen, wo man sogar Haie durch eine Scheibe sehen kann.

Dann lerne ich auch seinen neuen Freund Ben kennen. Die beiden sind schon seit acht Monaten zusammen und ich habe ihn noch nie getroffen, deshalb bin ich ziemlich gespannt. Wenn Papa ihn mag, mag ich ihn bestimmt auch. Schade, dass Ben keine Kinder hat, einen Bruder zu bekommen, wäre super. Eine Schwester wäre aber auch in Ordnung.

Vielleicht fahren wir in den nächsten Ferien alle Fünf gemeinsam ins Zeltlager, hat Mama gesagt. Das machen wir immer einmal im Jahr zusammen mit vielen Freunden meiner Eltern. Papa sagt, Ben hat ein Kajak, wenn wir noch Platz auf dem Auto haben, können wir es mitnehmen...

Komm mich doch in den Ferien besuchen, dann kannst du vielleicht auch noch mit, Platz im Zelt ist bei uns bestimmt genug.

Schweden ist das
schönste Land der Welt...

... findet mein Bruder Lasse, der allerdings noch nie woanders war. Meine Mamas Nina und Julia sagen, dass er recht hat, weil es in Schweden so viele schöne Buchten und Schären gibt und auf dem Land unzählige Seen und Wälder.

Meine Freundin Kerstin hat keine zwei Mütter, die hat eine Mami und einen Papa. Meine zweitbeste Freundin Lina ist immer ganz traurig, weil sie nur eine Mama hat, aber vielleicht kriegt sie ja noch einmal eine Mutter oder einen Vater dazu. Ich würde ihr ja für kurze

Zeit mal eine von meinen leihen, aber Nina und Julia lachen sich immer nur kaputt, wenn ich das vorschlage.

Wir wohnen in der Hauptstadt Stockholm, aber viel lieber bin ich in unserem kleinen Ferienhaus, das Nina von Oma und Opa geerbt hat.

Auf dem Land sind fast alle Häuser aus Holz und rot und weiß angestrichen. Wenn wir Glück haben, sehen wir manchmal einen Elch im Wald, einmal haben wir sogar eine Mutter mit einem kleinen Kalb gesehen.

Wir haben auch ein kleines Motorboot, mit dem fahren wir zum Angeln oder auf eine der Schären zum Baden und Klettern. Schären gibt es in Schweden eine Menge, das sind kleine oder größere felsige Inseln, die vor der Küste im Wasser liegen. Auf einigen Schären wohnen sogar Menschen, mir wäre das aber auf Dauer zu langweilig.

Letztes Mal hab ich Ärger bekommen, weil ich die Fische, die Julia geangelt hat, wieder aus dem Eimer gelassen habe. Da haben wir dann nur Kartoffeln gegessen,

aber ich war trotzdem froh. In Schweden haben wir sogar einen König und eine Königin. Die haben manchmal eine Krone auf und wohnen in einem richtigen Schloss. Wenn einer von beiden Geburtstag hat, fahren sie manchmal mit einer Kutsche mit 6 Pferden davor durch die Stadt. Dann stehen viele Menschen an den Straßenrändern und winken den beiden zu.

Vielleicht werd ich auch mal eine Königin, wenn ich groß bin. Oder auch Tierärztin wie Nina, dann kann ich noch mehr Tieren helfen...

Übrigens, ich heiße Fenja. Wenn du noch nie einen Elch gesehen hast, besuch mich doch einmal. Vielleicht haben wir ja Glück und entdecken einen.

Man muss nur leise sein und lange genug warten...

... Elche sind nämlich sehr scheu.

Wo ich lebe,
gab es früher Indianer...

... die haben in Wigwams gelebt und auf ihren Pferden mit Pfeil und Bogen Büffel gejagt.

Ich wohne in San Francisco im Westen von Amerika. Mein Name ist Helen. Außer mir wohnen noch meine Mütter und Oma und Opa Auabein in unserem Haus. Meine Väter wohnen nur 3 Häuser weiter in derselben Straße. Weil ich vier Omis und drei Opis habe, haben sie von mir noch zusätzliche Namen bekommen. Oma Auabein hatte vor vier Jahren ein gebrochenes Bein, seitdem humpelt sie etwas. Oma und Opa Stups sind die

Eltern von Papa, Stups heißt ihr kleiner frecher Foxterrier, auf den ich mich immer freue, wenn sie zu Besuch kommen.

Bei Papis Eltern habe ich einfach etwas hintendran gehängt, sie nenne ich Omali und Opali, aber mir würden noch viel mehr Namen für sie einfallen. Zu Omali sag ich manchmal Oma Pfannkuchen, weil sie sooo leckere Pfannkuchen machen kann.

Wie fast überall in Amerika ist auch unsere Straße ganz breit. Mami sagt, dass die Straßen so groß sein müssen,

Weil es hier so riesige Autos gibt. Außerdem ist Amerika so groß, dass es egal ist, ob die Straßen ein bisschen breiter sind. Wir haben auch eine große Brücke in San Francisco,

die ganz rot angestrichen ist. Man kann mit dem Auto drüberfahren oder hinüber laufen, das finde ich aber gruselig, weil es ziemlich hoch ist.

Ab und zu fahre ich mit Opali in der Innenstadt mit der Straßenbahn, die ist an den Seiten offen und fährt auch ganz steile Straßen hoch und runter. Einmal im Monat mache ich mit meinen vier Eltern einen Ausflug. Jeder darf sich der Reihe nach ein Ziel aussuchen. Nächstes Mal ist Mama dran, sie möchte eine Bootstour vor der Küste machen, um Wale zu beobachten. Mami findet das nicht besonders toll, weil sie Angst hat, seekrank zu werden. Ich bin schon total aufgeregt, wenn ich nur daran denke, einen Wal ganz dicht im Meer zu sehen.

Meine Freundin Clarissa hat sogar mal einen Blauwal gesehen, das sind die größten Wale, die es gibt...

Mami ruft mich, wir wollen Clarissa von der Musikstunde abholen und zum Schwimmen fahren, aber komm doch einmal zu uns zu Besuch, dann zeig ich dir hier alles. Und dann erzähl ich dir auch, welche Wale ich gesehen habe.

Eigentlich heiße ich Giovanni...

... aber alle nennen mich nur Gianni. Wir wohnen in Italien, das ist ein Land, das auf der Landkarte wie ein Stiefel aussieht.

Wir, das sind meine beiden Papis und ich. Die beiden haben mich zu sich genommen, als ich noch ein Baby war. Die Stadt, in der wir wohnen, heißt Venedig. Hierher kommen sehr viele Touristen, weil es so schön ist. Es gibt ganz viele Kanäle in der Stadt und unzählige Brücken, die darüber führen. Als Taxis fahren auf dem Wasser kleine Gondeln herum, da ist oft ganz schön viel Verkehr und die meisten Kanäle sind ziemlich schmal. Zusammenstöße habe ich bis jetzt aber noch nicht gesehen.

Straßen für Autos gibt es nicht so viele und die, die es gibt, sind eng und holperig. Für italienische Autos ist das aber nicht schlimm, weil die meisten klein sind. Wir haben auch so eine Streichholzschachtel, wie Onkel Luigi immer sagt, daher passen wir eigentlich immer überall durch.

Nur einmal hat Papa sich verschätzt, aber ich glaub ich bekomme Ärger mit ihm, wenn ich dir die Geschichte jetzt erzähle.

Papa hat ein kleines Restaurant, wo ich soviel Nudeln und Pizza essen kann, wie ich möchte. Er sagt, die besten Nudelgerichte und die leckerste Pizza machen immer noch die Italiener.

Papi hilft oft im Restaurant mit, aber die meiste Zeit kümmert er sich um mich. Wenn er im Restaurant hilft, singt er in der Küche meistens italienische Opernlieder. Papa findet, der Gesang klingt wie eine jaulende Katze und hat Angst um seine Gäste. Die haben aber immer viel Spaß, manchmal klatschen sie sogar und wollen eine Zugabe hören.

Vielleicht bekomme ich noch einen Bruder oder eine Schwester, meine Väter wollen gern noch ein Kind adoptieren. Das fände ich klasse. Allerdings habe ich schon viele Cousins und Cousinen, so dass immer jemand da ist, mit dem ich spielen kann...
Oder vielleicht hast du auch Lust, einmal bei uns vorbeizuschauen? Dann macht Papa dir die leckerste Pizza der Welt und vielleicht erzähl ich dir die Geschichte mit dem Auto dann doch.

Wenn du gerne
Ski oder Snowboard fährst...

… musst du im Winter unbedingt mal zu mir nach Österreich kommen, dann zeig ich dir unsere Pisten und wir können zusammen fahren.

Meine Mamis und mein kleiner Bruder Leon fahren auch Ski, die schnellste in der Familie ist aber immer noch Kim. Das bin ich!

In der Kinderklasse habe ich letztes Jahr sogar einen Preis bei einem Wettkampf gewonnen. Mein Vater Robert hat mir das Skifahren beigebracht, am Anfang war ich aber auch in einer Skischule.

Tante Nicole war das letzte Mal auch mit in der Skischule und wir haben uns alle über sie kaputtgelacht.

Das Lustigste kann ich dir ruhig erzählen, obwohl wir ihr versprechen mussten, es keinem weiterzusagen, aber du kennst sie ja nicht.

Wir sind mit dem Lehrer zusammen im Schlepplift gefahren, dabei wird man hintereinander auf den Skiern nach oben auf den Berg gezogen. Wenn man oben ist, muss man loslassen und auf die anderen warten, die noch kommen.

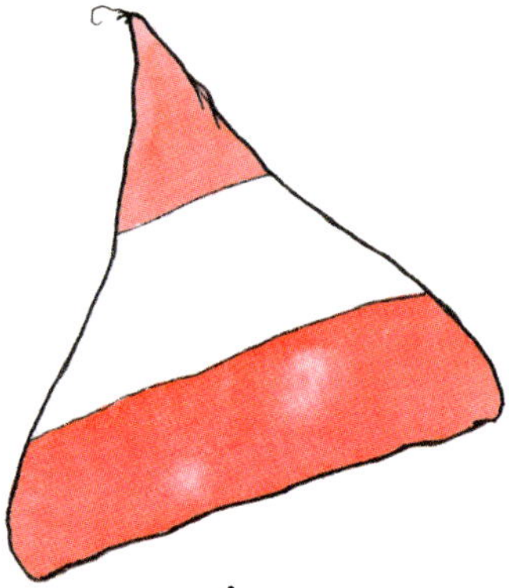

Tante Nicole hat aber das Seil zu früh losgelassen und ist dann rückwärts in der Spur wieder bergab gefahren. Dabei hat sie wie am Spieß um Hilfe geschrieen. Die Skifahrer hinter ihr sind so gut es ging ausgewichen und kreuz und quer im Schnee gelandet.

Am Ende ist sie mit einem dicken Mann zusammengekracht bevor der Lift gestoppt wurde. Wir haben uns alle totgelacht, sogar Tante Nicole wäre beinahe erstickt vor Lachen.

Im Sommer, wenn der Schnee weg ist, kann man bei uns in den Bergen wandern, dazu habe ich aber meistens keine große Lust.

An meinen Geburtstagen haben wir allerdings schon einmal eine Schnitzeljagd und eine Schatzsuche im Wald gemacht, das war toll. Dieses Jahr darf ich fünf Freunde einladen und dann fahren wir nach Wien in die Hofreitschule. Dort kann man zugucken, wie die Lipizzaner trainiert werden. Die können sogar mit allen Beinen gleichzeitig ganz hoch in die Luft springen.

Wenn wir mit Robbie hinfahren, dürfen wir danach bestimmt noch ins Kino. Meine Mütter schlagen wahrscheinlich noch irgendein Museum vor, das versuchen sie immer. Wozu ich mehr Lust hätte, muss ich dir wohl nicht erzählen...

Eingeladen hatte ich dich doch schon, hierher zu kommen, oder? Ich würde mich wirklich sehr freuen, wenn du mal kommst. Falls du nicht Skifahren kannst, können wir auch rodeln, das ist genauso lustig.

Ich habe einen Zwillingsbruder...

WEIT

...weißt du, was das ist? Wir sind am selben Tag geboren und er sieht fast genauso aus wie ich. Ich heiße Niklas und mein Bruder Jonas.

Einen Zwillingsbruder zu haben, ist häufig ganz schön nützlich. Wenn ich jemandem einen Streich gespielt habe, versuche ich manchmal es meinem Bruder in die Schuhe zu schieben. Leider merken spätestens meine Papis sofort was los ist, die können uns nämlich immer auseinander halten.

Wir wohnen in Hamburg, das ist eine

Stadt im Norden von Deutschland. Nachdem mein Papa sich in Daniel verliebt hatte, hat meine Mama einen neuen Mann geheiratet.

Die meiste Zeit wohnen wir bei Papa und Daniel. Bei Mama und meinem Stiefvater Kai haben wir auch ein Zimmer, dort sind wir meist am Wochenende. Mama und Kai wohnen ganz dicht beim Hafen, da haben wir schon oft zugeguckt, wie große Schiffe aus fernen Ländern ankommen oder in die weite Welt abfahren.

Kai war mit uns schon zweimal in der

Miniatur Eisenbahnausstellung in der Speicherstadt. Da gibt es richtige Straßen und Autos und sogar Brände, die gelöscht werden.

Zweimal im Jahr ist in Hamburg Dom, da kann man Karussell fahren oder in die Geisterbahn gehen. Beim Achterbahnfahren ist Daniel letztesmal so schlecht geworden, dass er ganz grün im Gesicht war. Jonas und ich haben uns totgelacht, aber Daniel fand das gar nicht witzig. Wir durften ihn den ganzen Abend nicht ansprechen,

weil ihm sofort wieder übel wurde. Er hat erst wieder gelacht, als ich beim Dosenwerfen als Trostpreis ein ekliges Skelett mit leuchtenden Augen und langen Haaren gewonnen habe.

Einen großen Zoo gibt es in Hamburg auch, da braucht man einen ganzen Tag, um alle Tiere zu begrüßen.

Die Elefanten und Orang Utans haben gerade ein neues Haus bekommen. Außerdem haben viele Tiere Junge, die wollen wir uns nächste Woche mit Mama und Kai ansehen...

Frag doch deine Eltern, ob du uns besuchen darfst, dann kannst du ja mitkommen. Außerdem kommt am Wochenende das größte Containerschiff der Welt im Hafen an, das wird bestimmt spannend. Wir könnten uns dann auch noch das U-Boot angucken, das im Hafen liegt, da darf man sogar reingehen und sich innen alles anschauen.

In meiner Familie sind wir
zu dritt...

Mami
Mama

Meine Eltern haben mich Anne genannt, das fanden sie schön, weil der Name aus den Buchstaben ihrer Vornamen zusammengesetzt ist. Meine Mama heißt Anke und meine Mami Susanne.

Einen Papi habe ich nicht, dafür aber einen Klasse Onkel, den Bruder von Mama. Onkel Martin wohnt auch in Amsterdam und besucht uns fast jede Woche.

In Amsterdam gibt es eine Menge Grachten, weißt du, was das ist? Das sind kleine Kanäle, die kreuz und quer die

Stadt durchziehen. Wegen des vielen Wassers gibt es hier ebenso viele Brücken, damit man schnell und trocken von einer Seite der Gracht zur anderen kommt.

Toll ist es, wenn im Winter die Grachten zufrieren. Dann kann man auf dem Eis Schlittschuh laufen und unter den Brücken durchflitzen. Es gibt sogar richtige Rennen und Wettläufe auf dem Eis. Meine Eltern können leider nicht so gut Schlittschuhlaufen, Mama kann es eigentlich gar nicht und hat letztesmal fast nur auf dem Eis gelegen, weil sie dauernd hingeflogen ist.

Beim nächsten Flohmarkt will sie deshalb ihre Schlittschuhe verkaufen, sie sagt, dass sie keine zehn Pferde mehr auf das Eis kriegen, wir können uns ja gerne den Hals brechen, wenn wir unbedingt wollen.

Für zwei Sachen sind die Niederlande noch sehr bekannt, na, fällt dir da etwas ein?

Das eine hast du bestimmt schon einmal gegessen, das andere wächst vielleicht bei euch im Garten oder stand schon einmal in einer Vase auf dem Tisch.

O.k. ich sag es dir ... Käse und Tulpen!

Letztes Jahr auf der Hochzeit von meinen Müttern hatten wir das ganze Standesamt mit Tulpen geschmückt, das wünsche ich mir später bei meiner Hochzeit auch. Meine Lehrerin Frau Clüver und drei von meinen Freundinnen waren auch eingeladen. Wir haben am nächsten Tag im Unterricht von der Hochzeit erzählt und Frau Clüver hat gefragt, wer später auch heiraten möchte. Als sich nur drei gemeldet haben, hat sie gelacht und gemeint, die Hauptsache sei, dass man jemanden findet, den man liebt. Über das Heiraten könne man ja immer noch nachdenken...

Du musst im nächsten Winter unbedingt einmal zu uns kommen. Wenn die Grachten zugefroren sind, könnten wir zusammen Schlittschuhlaufen, wenn nicht, fällt mir schon etwas anderes ein.

Jetzt haben wir dir einiges über unser Leben berichtet. Du weißt nun, wo wir wohnen, wer unsere Eltern und Familien sind und was wir nach der Schule machen.

Toll wäre es, wenn wir jetzt auch etwas über dich erfahren könnten.

Wo lebst du? Wer ist deine Familie und womit beschäftigst du dich gerne? Was würdest du uns über dich erzählen und dürfen wir dich vielleicht auch irgendwann einmal besuchen?

bis
bald
!

Mein Dank gilt meinem Mann,
deinem Papa Martin.

Ohne ihn wärst du nicht geboren.

Impressum

Layout: Ulli Bertuch

Druck: Druckerei Hahn GmbH

Selbstverlag (MARDI-Verlag)

www.so-lebe-ich.com
www.Mardi-Verlag.de

1. Auflage 2008

ISBN 978-3-00-024927-3